心のごちそう帖

お寺ごはん

金剛院住職
野々部利弘

アスコム

はじめに

氷が解ければ…

人生において、流れ流されそうな時間を自分でちょっと止めて、自心を見つめて、より良い選択をしてみる…。「正」という字は、「一」と「止」の組み合わせで、まさにちょっと「一」ときを「止」めてと書きますね。

私たちは便利に一方的に入り込む大量の情報に踊らされ、あれもこれもとたくさんのことに手を出してしまいがちです。ＳＮＳに「いいね」を押せば押すほど、不安になってはいませんか？　心細さや憂鬱を、見栄や情報で塗り重ね、大切な心の声にブレーキをかけて、自らの心で大切なことを感じよう、探そうとはしていないのかもしれませんね。

真言宗豊山派　金剛院
第33代目住職
野々部利弘

「仏ない（ほっとけない）〜！」

そんなちょっとしたお節介心から、生活の中で最も身近な「食」というテーマで、この本が作られました。食育、食文化の継承、食環境の整備など、食をどのようにとらえるかは、私たちの心身の健康はもちろんのこと、生き方までに深く関わるからです。

皆さんは「あたりまえ」の反対語をご存知ですか？ それは「ありがとう」だそうです。「あたりまえ」のことが「有難し（ありがたし）」ということ…。ちょっと意識の見方を変えて心にゆとりを持ち、あたりを見渡すだけで、新しい何かが見えてきませんか？ あたりまえと思える日常に、実はあなたを幸せにする〝ありがとう〟が、たくさんあふれているのかもしれませんね。

そして、私たちが変わることができるときに起こる、プロセスがあります。それは「氣づき」…。

この本は、単なるレシピ本ではありません。日々の食の中の「氣づき」で感性を磨き、豊かな人生を「築く」こと。それが『金剛院のお寺ごはん』です。氷が解ければ「水」ではなく「春」になるという、あなたが幸せになるための「氣づき」のヒントを見つけてみてくださいね。

目次

春

夏

秋

目次

冬

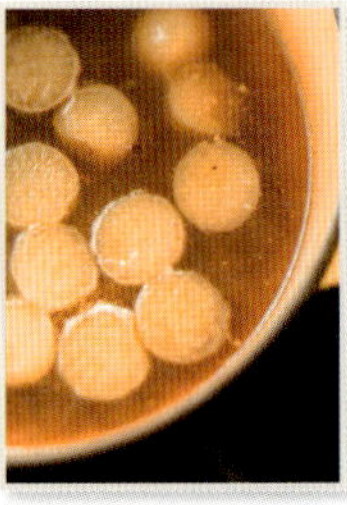

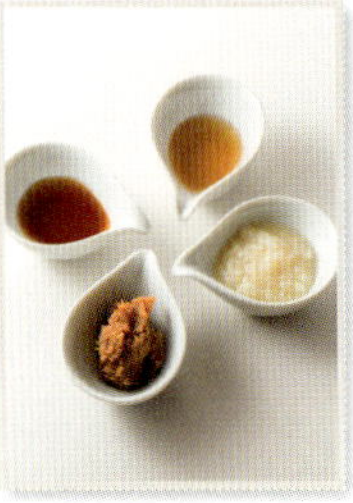

お寺ごはん味変化《あじへんげ》

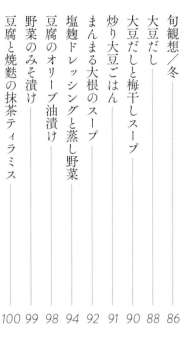

この本の使い方

・お寺ごはんは精進料理とは異なります。
・料理は自分にとってのよい加減、塩梅で作るため、あえて分量は手ばかり、指ばかり、玉じゃくしのおおよそ数値で表記しています。ただしレシピによっては作りやすいように、個数表記、gやmℓ表記などがあります。
・小さじ1=5mℓ、5cc、大さじ1=15mℓ、15cc、200mℓ=1カップ、200ccです。
・火加減は、特に指定がない場合は中火です。
・オーブンの加熱時間は600Wの場合の目安です。機種によって差があるので、様子を見ながら加熱してください。
・フライパンは樹脂加工のものを使用しています。
・野菜類は特に指定のない場合、洗う、皮をむくなどの作業をすませてからの手順を説明しています。
・だしは基本的に昆布、しいたけ、大豆などで植物性の天然だしを使用しています。市販の即席だしの場合は、塩分が含まれていることがあるので、調味の際には必ず味を見てください。
・食材、料理はアレルギー対応しておりません。

「お寺ごはん」とは何ですか？

お寺ごはん四ケ条

- 五感をひらく
- 「引き算」のレシピ
- まあるい食材、とんがり食材
- 手ばかり、指ばかり、いい塩梅《あんばい》

この本で紹介するお料理は、「引き算のレシピ」。豪華さも過剰な味つけもいりません。お好みの食材や調味料を「手ばかり、指ばかり、いい塩梅」で使っていきます。心にも体にもやさしい「まあるい食材」を選び、「五感」を研ぎ澄まし、〝これだ〟と思える「あなたの心のごちそう」を発見してみてください。

食材は「旬のもの」を選びましょう。空気、水、土、光が食材に力を与え、それが私たちの肉体に宿ります。いわば、この命は自然とつながることで、「生かされている」のです。それに氣づけば、あらゆるものへの感謝が芽生えます。

あなたの発する「ありがとう」は「原因」となり、巡りめぐって再びあなたのもとに素敵な「縁《えん》」として届くはずです。

五感をひらく

今日はどんなランチをしましたか？サンドイッチ片手に黙々とパソコンに向かっていた人もいるでしょう。パンに挟まれたシャキシャキとした野菜の食感を覚えていますか？

忘れてしまった人でも、同僚が食べているパスタをひと口もらったら、「麺がモチモチしている！」などの感想を述べますよね。それを「どれどれ」と意識するのとしないのとでは、感じる質感がまるで違ってくるのです。

感じるためにはまず意識を傾けること。感じ取ったら、それを言葉で表現してみましょう。そうして得た感覚が、あなたの氣づきに変わります。まるで閉じていた感覚がひらくように思えませんか？

それを「五感をひらく」と、表現しています。日々の暮らしで、氣づきが多いほど、腑に落ちて納得がいきます。

「腑に落ちる」という言葉の腑とは、内臓のこと。医学の進歩により、内臓は消化吸収など機能面だけが重要視されがちですが、内臓には人の考えや心が宿るという意味があります。頭だけではなく、五感で感じるすべてを体でも納得した状態、それが腑に落ちるということです。

感じようとする意識を高めると、あなたの心にしっくりとくる想いが、もっとたくさん見つかるはずです。それはいつもそばにあるのに、氣づかなかっただけのものかもしれません……。

ひらいた五感を研ぎ澄ましていくと、小さな出来事でも、幸せに見えてくるから不思議ですね。

眼

心の目で感じてみましょう

五感のうち、「眼」から得られる情報量は、8割以上を占めるといわれます。私たちの思考は、目に飛び込んでくる映像と知識に頼りがち。物事は、必ず他の四感でも感じ取りながら、「心の目」で受け止めてみましょう。

耳

聴こえる音を感じてみましょう

電子音に慣れ親しむ現代でも、耳を澄ませば、鳥のさえずり、雨の音、自然界の心地よい音はいつでも聞こえるものです。食事のときにテレビを消せば、骨を通して聞こえる咀嚼《そしゃく》する音さえも、心地よい旋律に変わります。

識

心の奥の深い意識で感じてみましょう

この五感を通して心で感じることを意識してみましょう

鼻

漂う香りを感じてみましょう

自然の草木の香りなどは、リラックス効果や懐かしい記憶を呼びさますなど、プラスの感情も深く関わってきます。臭いは、食品の腐敗など生活上の危険を察知する上でも、大切な感性として機能しています。香りが染みつくように、すべての行いが心に深く影響を与えることを、仏教では「薫習《くんじゅう》」といいます。

舌

味わうことを感じてみましょう

化学調味料の使用や塩分・糖分過多の不自然な食は、自然の味をおいしいと感じられない舌を作ります。本来の味覚を取り戻すには、できるだけシンプルな食事を心がけて。食材そのものから、五味を感じてみましょう。

身

身体で直に触れて感じてみましょう

手を汚さないため、ビニール手袋をするなど、直接ものに触る機会が減りました。冷たさや温もり、素材感などは、触れて初めてわかることです。素手や裸足、あなたの身体で直に触れて、その触り心地を深く感じてみましょう。脳に一番刺激を与える行為は、手で触れることです。

茶《ちゃ》明《めい》想《そう》のすすめ

～癒やしの時間～

「茶明想」とは、一杯の飲み物をいただく5分くらいの時間を使って、自分の心を癒やす瞑想です。「瞑想」というと少し堅苦しく、大げさに感じるかもしれません。そこで「明想」と名づけました。

余計な感情から離れ、一杯の飲み物だけに「集中」し、「明るく朗らかな想いを馳せる」という感覚で、気軽に試してみてください。

自宅に限らず、職場やカフェ、電車の中、場所はどこでも構いません。思ったところが道場になります。器は水筒やペットボトル、飲み物はコーヒー、紅茶などでも大丈夫です。

茶明想で大事なのは、自分自身の感覚にゆだねる、まるごと感じる、愉しむ、このときがとても心地よい状態で、それを深めていくこと。そんな自分の感覚を、まるごと味わってみてください。

急須なら、お茶を淹れたときのお湯の流れる音。茶湯が注がれていく様子。お茶の色、香り。茶器やボトルの形や重み。持つ手に伝わる熱さや冷たさ。食べるような感じで口に含んだときの、苦味や甘味。喉を通り胃に落ちるときの感覚。

そして、茶葉などが育った大地、太陽の恵み、土の中の微生物など……。大切に育て摘んでくれた生産農家の方々の心まで、想像してみてください。

ゆっくりと一杯の飲み物に集中して、そのすべての瞬間を、五感をフル回転させて感じ取り、至福のときへと変えてみましょう。ストレスやマイナスの感情がリセットされ、自分らしさを取り戻すことができているはずです。

どんなに弱音をはいても、脳には自分が最後に発する言葉がインプットされて強く残るからです。

最後は、ぜひ前向きなプラスの言葉をつぶやいて、茶明想を締めくくりましょう。

「引き算」のレシピ

お寺ごはんは腹六分目を心がけ、野菜を中心に塩分・糖分・油分などは、すべて控えめ。加工食品や化学調味料は省き、刺激の強い食材もできるだけ加えません。こうすると体にやさしいだけではなく、食材本来の旨味が感じられるようになります。

だからこそ、よい素材を「選ぶ」ことが大切。素材がよければ、味つけや調理、飾りは必要最小限で大丈夫です。

買い物に行くと、あまりにもたくさんの品が並んでいて、目移りしてしまいます。選択肢が増えると決断力が鈍るのは当然で、情報量が頭の処理能力を超えてしまうと、焦ったり集中力がなくなり、大切なものを見失ってしまいます。

大事なのは「選り分ける力」を身につけること。今あるものから不必要なものを「仕分け」して引いていくと、自分にとって有益で必要なものだけが見えてくるのです。

人生は何かを「やる」だけではなく、「やめる」勇気も必要。シンプルであればあるほど意識を高めやすく、焦りがなくなります。

加点主義からは、本来の「質」、本当の「真理」が見えてきません。

まあるい食材、とんがり食材

お寺ごはんでは、食材を大きく「まあるい食材」と「とんがり食材」の2つに分けて考えています。

「とんがり食材」は、仏教で殺生を戒めるという教えから肉や魚介類、刺激のある香辛料や臭いの強い野菜などです。

これらは食べると無駄なパワーが蓄えられて心身のバランスを崩し、安らかな気持ちを邪魔すると考えられてきました。さらに食品添加物や化学調味料を含む食品なども、体内に蓄積されると毒となるので避けましょう。

一方で「まあるい食材」は、いただくだけで心が穏やかになり体が楽になっていく、そんな食材です。旬のやさしい味の野菜、大豆製品、ナッツ、穀類など。その上で自然由来の本来の味を感じられるものを選びます。

お寺ごはんは、心身のバランスを考えた食材を使うことが、基本になります。

とんがり食材の例

にんにく / 赤唐辛子 / ねぎ / 白砂糖

仏教の殺生を戒めるという教えから、食べることを避けてきた肉や魚介類。刺激の強い唐辛子やこしょうなどの香辛料、臭いの強い長ねぎや玉ねぎ、らっきょう、にんにく、にら、精製された白砂糖などです。

まあるい食材の例

昆布 / ごぼう / 大豆

滋味深い野菜や豆など、自然の旨味が存分に感じられる食材たちです。発酵食品の塩麹やみそ、しょうゆなども、料理をまろやかにします。塩は天然塩、砂糖はきび砂糖や黒糖などを使います。

ときどき食材

香菜（パクチー） / クミン / カレー粉 / ターメリック

お寺ごはんは精進料理と違い、体が欲するときは素直に受け入れてもよいとも考えています。体力が落ちているときには肉や魚、暑い時季には発汗作用のある香辛料、寒いときには保温効果のある生姜といった具合にこだわりません。

手ばかり、指ばかり、いい塩梅《あんばい》

お寺ごはんの考え方のひとつに、「固定観念にとらわれないで、自分らしく。柔軟な発想で」というものがあります。もちろん料理をおいしく作るために、基本を知ることは大事なこと。でもその先で季節やその日の天気、自分や家族の体調などに合わせ、心を穏やかにして調整すると、やさしい味の「まあるいごはん」が作れるようになります。それが「いい塩梅」というものです。

「いい塩梅」に仕上げるには、教わる通りでなく、自分の感覚を信じましょう。そのためには自身の手や指などを使って量っていくと、いつの間にか、程よさがわかるようになります。

毎回でき上がりの味が違っても、それは心配ご無用。次回は想像力を働かせ、工夫をすればよいのです。

積み重ねた失敗が自分の味となり、人を思いやる味につながっていきます。

一番の道具は手です

手の大きさは人それぞれですが、感覚で覚えておくと便利。手のひらにのせたり指でつまんだときの大体の目安量がわかれば、いちいち計量をしなくても料理が作れます。

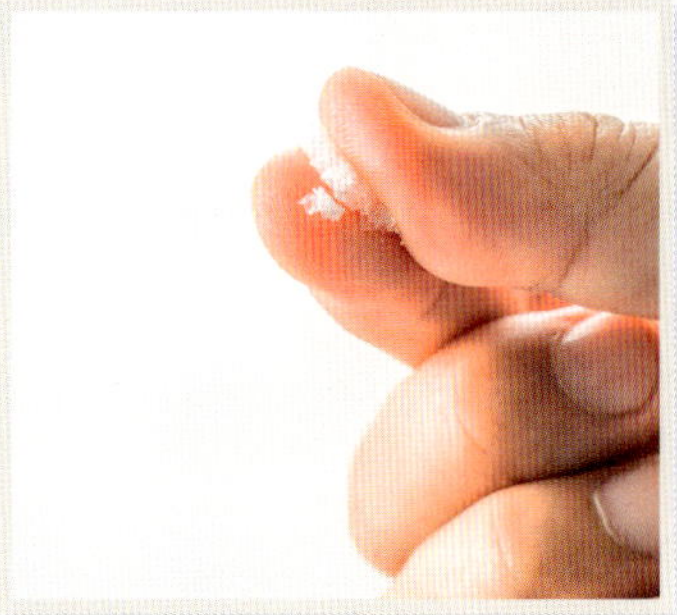

指ばかり＝
小さじ1/8、0.6gくらい

よくいう1つまみ、2つまみというものです。2本の指の先で塩などの粉末や顆粒のものをつまんだ状態で小さじ1/8くらい。

手ばかり＝
野菜100g、肉や魚80gくらい

手のひらをくぼませ、食材をのせます。野菜ならば手のひら片手1杯で約100g、魚や肉で80g前後です。

上級編 道具いらずの目ばかり

食材の大きさ、鍋に入れたときの浸り加減、色味など、量らなくてもだいたいの分量がわかるのが目ばかり。料理作りの経験を重ねるうちに、自然と身につくものです。

※ごはんやお菓子など、正確な量でないとうまく仕上がらないものは、計量カップ、計量スプーン、スケールできちんと量ってください。

お玉＝100mℓ、100gくらい

水やだし、しょうゆなどの液体、たっぷりの塩やみそなどを量るときには、玉杓子が便利。通常の大きさのものであれば、形は違っても分量はあまり変わりません。

春

春に出まわる野菜やくだものは、
彩りも食感もどこかやわらか。
口に運ぶたびにとてもやさしい気持ちを
抱かせてくれるものばかりです。
長い冬から目覚めた新鮮な食材は、
できるだけ持ち味を生かして
堪能してあげるのが、礼儀かもしれません。
甘味や旨味だけでなく、
苦味やえぐ味までも慈しみましょう。

旬観想／春

新しく芽吹いて変《へん》化《げ》する

冬の間に蓄えたエネルギーが、温かさが増すごとにだんだんと放出されていく、そんな躍動感にあふれた時季。

エネルギーの放出となると、ちょっとかたい表現になってしまいますが、草花の芽が土から顔を出し、木々の枝にも新芽がつく。そんな景色を思い浮かべてください。毎年同じように咲く花も、葉が茂る木も、そして人も、去年とはわずかにでも違うものです。

エネルギーが形を変えて姿を現すことを、仏教的には「変化《へんげ》」といいます。すべてのものに宿っている、仏になるための種、「仏性《ぶっしょう》」が、姿を変えることにより、形が現れてくるということ。過去を入れ替えながら、日々、年々の繰り返される季節から、背景にあるものを見極めて大切なものだけを残していきます。

その上でこだわりを捨て、新しい出会いも受け入れましょう。小さな変化でも、そこから異化した自分が生まれるのです。

春の祝いの甘露のお茶を、東西古今の味が出会う一杯に

食想伝心

古来より伝わる甘茶に、泡立てた豆乳を注ぎます。これは和と洋、新と旧の共演です。文化や各々の個性が、世代を問わず共存する多様性の時代。共感、共動、共有、共鳴という「共時性」、そこから生まれる新しい発見はたくさんあります。違った世界観を取り入れるには、固定観念があっては実現は難しくなります。古き良きを大切にしながら、心は常に柔軟でありたいものです。

甘茶オーレ

材料（作りやすい分量）

甘茶……適量
豆乳……適量

作り方

1 甘茶を少し濃いめに煎れます。（P31参照）

2 豆乳は小鍋で温めます。

3 1をカップに入れ、上から2の豆乳を注げば完成です。

＊茶葉や豆乳の量はお好みで。

異質なものから
生まれる新しい発見がある。
まず共にするという意識を持つ

甘茶オーレ

甘茶

甘茶で米を炊くことで、食材の自然な甘みを知る

食想伝心

まろやかな甘茶飯には、繊細に刻んだ針生姜の香味を添えましょう。癒やし、緩み、和みはとてもよいことですが、気楽な状態が長く続くのは、あまり望ましくありません。ときには、ピリッと方向を律してくれる存在が必要なのです。ゆったりとしているときも、ある程度の緊張感を持っていましょう。とんがり食材の針生姜が、甘茶飯の「幸せの隠し味」となるように。

甘茶飯

材料（2〜4人分）

米……2 合
濃いめの甘茶……360mℓ
酒……大さじ 1
しょうゆ……小さじ 2
塩……小さじ 1
生姜のせん切り……適量

作り方

1 米を洗い、水気をきっておきましょう。

2 土鍋に1、甘茶、酒、しょうゆ、塩を入れます。

3 2を強火にかけ、沸騰してきたら弱火にして10分くらい炊いて、火を止めます。

4 炊き上がったら、生姜を加えて10分くらい蒸らしてください。

*炊飯器で炊く場合は、炊飯釜に材料を入れて白飯と同様に炊きます。

辛い出来事も、
あなたが幸せになるための隠し味

春

お釈迦さまの誕生日 花まつり

花まつりは、2500年前に誕生された、お釈迦さまを祝う仏教行事です。お釈迦さまのお誕生日の4月8日に、全国の寺院などで催されます。

御《み》堂《どう》を花で飾り、甘茶で満たされた桶の中央にまつられる誕生仏に、柄杓で甘茶をかけます。

この甘茶をかける習慣は、お釈迦さまが生まれたときに天からの祝福で、「甘露の雨が降りそそいだ」という伝説に基づいて

金剛院の花まつり

*御堂…仏を安置したお堂

行なわれるものです。

「天上天下《てんじょうてんげ》唯我《ゆいが》独尊《どくそん》……（自分という個性を持つ人間はこの世に自分しかいない）」。お釈迦さまは誕生後まもなく、そう説かれたそうです。花まつりのこの日は、そんな尊い自分自身を慈しむ日でもあります。

お釈迦さまの幸せぷちアドバイス

お釈迦さまは「忘れなさい」と説きます。忘れることは、最大の自然治癒力にもなり、新しいことを考えることができます。私たちはついネガティブな感情に支配され、それを引きずっているので未来が見えてこないのです。

甘茶

甘茶の原料は、ユキノシタ科の落葉低木。ヤマアジサイの変種。その若い葉を摘んで、蒸して揉み、乾燥させたものが茶葉です。煎じると天然のまろやかな甘味と渋みが感じられます。甘茶は漢方薬局やデパートなどで購入できます。ブレンドされた茶葉や、菓子作りなどに使われる粉末状もあります。

甘茶の煎れ方

材料(5～6杯分)

甘茶の茶葉
……手ばかり1
湯……たっぷり

作り方

1 やかん、または鍋に湯を沸かし、茶葉を入れて中火で煮出します。

2 再び沸騰したら、火を止めて茶葉をこしましょう。

＊長くお湯に入れておくと、甘味や渋みが強くなるのでご注意を。

春の躍動を感じる食材で甘味を生かす彩りジャムに

食想伝心

寒い冬を耐えながら、土の中で力を蓄えて芽吹く春野菜には、大地の精根が満ちあふれています。素材自体のやさしくも豊かな甘味、鮮やかな色彩。どれもが最大限の力を携えているのが、「旬」です。大切なのは、「いま、このとき」を常に意識し、知り、その瞬間を逃さないこと。人生においてもときを逃すと、達成できないこともあるのです。

にんじんのジャム

材料（作りやすい分量）

にんじん……1本
果汁100%の野菜ジュース
　またはりんごジュース……お玉3
レモン汁……1/2個分

作り方

1 にんじんをよく洗い、皮ごとすりおろします。

2 鍋に1、ジュース、レモン汁を入れて火にかけ、弱火で煮詰めます。

3 2/3量くらいになったら火を止めて。

えんどう豆のみそジャム

材料（作りやすい分量）

えんどう豆……手ばかり3
白みそ……お玉1/3

作り方

1 鍋にえんどう豆を入れ、ひたひたの水（分量外）を注ぎましょう。

2 1を弱火で、やわらかくなるまで煮ていきます。

3 すり鉢に水気をきった2、白みそを入れ、すりつぶしながら混ぜます。粒感はお好みで。

材料の目安量は108-109ページをご覧ください。

最大限の力を携える「旬」。
「いま、このとき…」を
意識して、瞬間を逃さないこと

春

プレーンヨーグルトのにんじんジャムのせ

にんじんの天然の甘味たっぷりの
ジャムは朝食に好適。
ヨーグルトや焼きたての
トーストといっしょに召し上がれ

爽やかな萌黄色のジャムを、
和菓子に添えてあんのかわりに。
切りもちを熱湯で
1~2分間煮ると、
ジャムがからみやすくなります

豆みそジャムのずんだもち風

春

どんな食材とも相性のよい、旬を生かす不思議なソース

食想伝心

何にでも合う、誰にでも適合する、魅力的な言葉です。しかし、絶対的価値観での「万能」なんて存在しません。人は考え方、感じ方、体質だってそれぞれですから、万能の効力も個々で違うのです。もし万能があるとするなら、あなた自身が創り上げるもの。万能だと信じる心に微塵の疑いもないのなら、それはあなた個人の万能に成り得ます。万能、それは信じる心です。

万能ソースと野菜のグリル

野菜のグリル

材料（作りやすい分量）

春キャベツ、たけのこ（水煮）、かぶなどお好みの野菜……適量
オリーブ油……適量

作り方

1 野菜を大きめに切ります。

2 フライパンに油を熱して、1の野菜を焼きます。

3 野菜を皿に盛って、ソースをかけます。

万能ソース

材料（作りやすい分量）

きび砂糖2：しょうゆ2：酒1：みりん1

作り方

1 材料を小鍋に入れます。

2 こげないように弱火で煮詰め、とろみがついたら火を止めます。冷めるとかたくなるので、少しゆるめで。

万能ソースの目安量：きび砂糖・しょうゆ各大さじ2、酒・みりん各大さじ1

氣づきや意識を持って信じる心、
それが万能。疑わない心で、
それぞれが幸せを感じるとよい

春

ときには米を簡素に味わい、食の原点に戻りましょう

食想伝心

情報があふれる時代。私たちは、次々に入り込んでくる不必要なものに振り回されながら、生活しています。一度余分なものを手放し、心身を調整しましょう。不必要なものを上手に整理できれば、ささやかでも深く満たされる心の余裕が生まれます。素心に戻ることは「無」になることではなく、「有」の起点。人生は60%を「引き算」で考えると、うまくいくはずです。

銀あん粥

材料（2～3人分）

白粥……米½合分

●銀あん

A
- 昆布だし……お玉 2
- しょうゆ……大さじ 1
- みりん……大さじ 1
- 酒……小さじ 1
- 塩……1 つまみ

水溶きくず粉……大さじ 1
（同量の水で溶いておきます）

作り方

1 白粥を炊きます。

2 あんを作りましょう。鍋にAを入れて煮立て、水溶きくず粉を回し入れてとろみをつけます。水溶きくず粉は、くず粉と水は同割りです。

3 1を器に盛り、熱々の2をかけて召し上がれ。

白粥

材料（2～3人分）

米……½合
水……お玉 6
塩……2 つまみ

作り方

1 米はよく洗い、ざるにあげて30分くらいおいて水気をきります。

2 土鍋に1、水を入れて火にかけます。沸騰したら全体をそっと混ぜて弱火にし、アクを取ってください。

3 2に箸1本を挟むくらいの隙間をあけ、ふたをします。そのまま30分くらい煮ればでき上がり。水加減はお好みでどうぞ。

白粥

銀あん粥

無は何も無いという
意味ではない。
仏教の無とは、
純粋無垢な世界。
無は、有の原点、起点である

塩

いい塩梅のためには、
まず塩の味を知り、
料理との相性で選ぶこと。
なるべく天然塩を
使うようにしましょう。

海水塩

日本で生産されている塩のほとんどが、海水塩。産地で塩分濃度、旨味などに差はありますが、ミネラルが豊富でまろやかな味わいが特長です。食材の持ち味を引き出します。

岩塩

古くは海だった場所が隆起するなどして海水が閉じ込められ、結晶化した塩。ミネラルは豊富ですが塩味がきつめなので、仕上げに加えると味の引きしめ役になります。

藻塩

もともとの塩の原料となる海水に、海藻のエキスを加えて風味を高めたもの。旨味とともにミネラルをふんだんに含みます。ほんの少量加えるだけで、料理にコクが出ます。

塩は基本の味つけにかかせない存在。使い方次第で、料理がおいしくもまずくもなります。種類や産地により甘味や苦味、まろやかさなどが微妙に違うので、料理に合うものを選ぶこと。料理以外にも保存や発酵、食材の旨味を高めるなどの効果もあります。

昆布塩

だし昆布を海水に加え、釜で炊き上げたもの。昆布のだしとしての旨味、まろやかな塩味が際立ちます。そのままでもおいしいので、風味を生かしてつけ塩やふり塩などに。

発酵

じっくりと待つことで、
熟成とともに旨味が、
食材に加わっていく

酢

酢は酒を酢酸発酵させたもので世界中で約4000種類もあります。醸造によって造るもの、果実などの酸味を利用するもの、合成したものに分けられます。日本の場合、古くは梅酢が酸味料として使われていました。

塩麹

米麹や麦麹に塩や水を加え、発酵させたもの。独特の甘味と熟した果実のような風味を持ちます。野菜や魚、肉などにまぶしたり、漬け床にすると旨味や保存性を高め、さらに食材をやわらかくする効果もあります。

しょうゆ

日本人にとって最もなじみ深い調味料。主に大豆と小麦を原料とするしょうゆ麹に食塩を加え、酵母、麹菌、乳酸菌などによる発酵で、独特の香気と旨味が醸成されます。

発酵菌が食材を熟成させながら、食材の香りや甘味、味わいを増幅させる日本の食文化「発酵」。栄養価も高めながら、腸内環境を整えるなど健康効果も期待できます。お寺ごはんでよく使う発酵食品には、大豆が原料の調味料や納豆、野菜の糠漬け、酢、塩麹などがあります。

みそ

世界各国、日本各地に様々なみそがあります。日本のみそは、蒸した大豆や米、麦などに塩を加え、麹菌で分解して熟成させたもの。酵素が働き、特有の風味が生まれます。

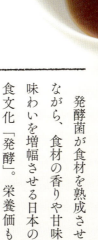

夏

夏の太陽をたっぷりと浴びた食材には、
強い個性を持ったものが多いです。
それは暑い地域の野菜を想像すると、
わかりやすいかもしれません。
例えば冬瓜やゴーヤ、おくらなど。
香りや味、色、そして姿も特徴的なので、
その分、季節感を十分に楽しめます。
ちょっと濃いめの味つけにして、
塩分補給するのも夏を乗りきる智慧《ちえ》です。

旬観想／夏

分別《ふんべつ》をなくし、満ちていくとき

夏になると、人は活動的になり、やる気がみなぎるから不思議です。

一年で最もパワフルな時季かもしれません。

その活力を十分に発揮するには、日々の暮らしのなかで、他人と自分、心と身体を、それぞれ分離したり排除したり、良否したりせずに、まずは一体となってみることからはじめましょう。分離してしまうと、悩みや迷い、苦しみが生まれます。

わずかでも理解し、受け入れ、共鳴できるものが見つかれば、心は必ず満ちてくるものです、

最近よく耳にするマインドフルネスという言葉。これは「素晴らしい！」と感動したり、「何て美しいの！」と感激したときの満たされた心の様子です。私たちは、ただ満たされている感覚を「忘れている」だけなのかもしれません。一体になったときにふと感じることは、仏さまからのメッセージ。まずは、想いを声に出してみることです。

精進食材の乾物と海の幸で、青葉の頃を感じる一品に

食想伝心

大地と海の乾物を水で再び戻し、双方の旨味をひとつに含ませ凝縮させます。まるで違う様相で自然界に存在する大地と海ですが、どちらも尊い水の循環によって深く関わり、支え合っているのです。空が雨を降らし、大地で育ったさまざまな樹々の栄養が、川から海へと流れ、海の生物が育つ。空、大地、海、すべてがつながり輪廻《りんね》する自然界に境界線はありません。

高野豆腐のあおさ揚げ

材料（2〜3人分）

高野豆腐……2個

A
- 昆布だし……お玉½
- みりん……お玉¼
- 塩……2つまみ

米粉……適量
あおさ……適量
揚げ油……適量

作り方

1 高野豆腐を水で戻し、水気を絞って、ひと口大の大きさに切ります。カットタイプの場合は、そのままで。

2 バットに合わせたAを入れ、1を浸して下味をつけます。

3 2の汁気をかるくきり、米粉とあおさを混ぜたものをまぶしてください。

4 油を180度に熱して3を揚げ、表面をカリッと!

材料の目安量は108-109ページをご覧ください。

山と川、海……とは一体のもので、
自然界はすべて輪廻している。
そのつながりがわかれば、
大抵のことは理解できる

夏

金剛院の祝いごと

初夏

弘法大師さまの誕生日
青葉まつり

青葉まつりは、１２００年前に誕生された弘法大師さま（空海）をお祝いする仏教行事です。

弘法大師さまは８０４年に密教の教えを求め、遣唐船に乗って、中国に渡りました。帰国後、真言密教を日本に伝え、高野山に根本道場を建立したのです。

お誕生日の6月15日、高野山では住職や信者らが全国から集まり、法要を営みます。この日は、花御堂《はなみどう》渡御《とぎょ》や稚児行列などが華

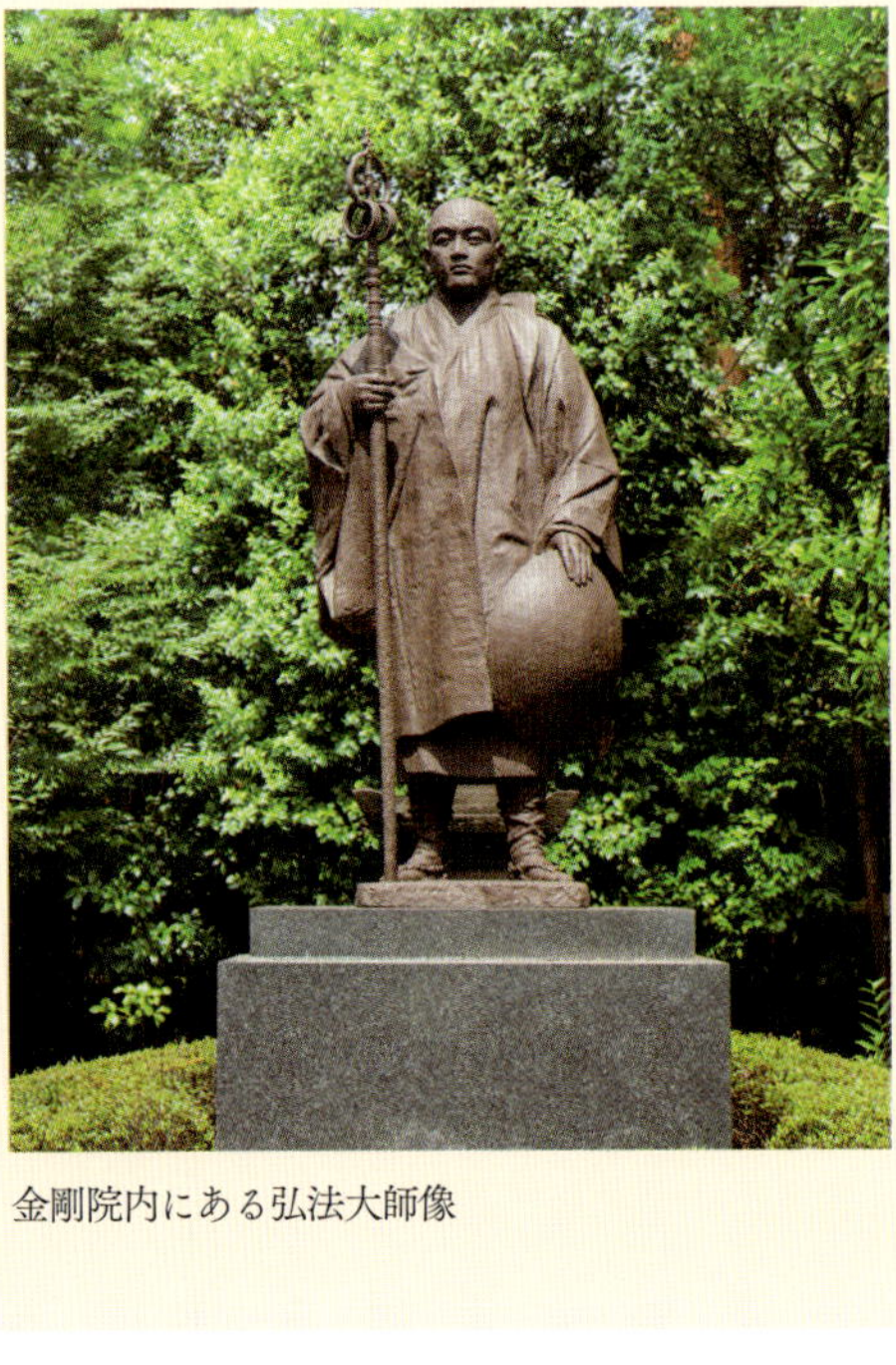

金剛院内にある弘法大師像

やかに繰り広げられ、外国人観光客や大勢の参拝客で賑わいます。
催しは青葉の美しい季節にちなんで、通称「青葉まつり」と呼ばれるようになりました。初夏の頃、勢いよく茂り始める深緑の青葉に囲まれ、生命の息吹を深く感じる日でもあります。

弘法大師さまの幸せぷちアドバイス

弘法大師さまは、限りない欲望、怒りなど、様々な悪い心により、人は悩み苦しむと言います。しかし誰もが満月のような清く美しい仏の心を持ち、心をひらく可能性があるとも。だから仏のように語り、想い、行いなさいと説いています。

高野豆腐

昔、冬の寒さ厳しい高野山で、小僧さんが豆腐を外に放置してしまい、偶然に生まれた産物。以来、高野山では凍り豆腐が保存食として製造され、精進料理に使われるようになりました。その料理が世間に広まり、「高野豆腐」と呼ばれるようになったそうです。

高野豆腐の戻し方

●お湯やだしなどで戻す

1 お湯かだしに浸けます。浮いてくるので落しぶたをするか、浸けている途中で裏返して。
2 中までやわらかくなったらかるく水気を絞り、水の場合はさらにきれいな水で押し洗いし、両手で挟んで水気を絞ります。だしで戻す場合はそのままで大丈夫。
※熱湯で戻すと特有の歯ごたえが弱まり、やわらかめになります。

●ひと口大はそのまま調理

最近、使いやすくひと口大サイズが多く出まわっています。戻す必要がなく、そのまま煮物や汁物などに加えます。

食想
伝心

多彩な穀類とフルーツが、意外なほどのおいしさに変身

はと麦、豆、とうもろこし、柑橘系のくだもの。一見、ばらばらで交わらないと思われる食材の組み合わせでも、それらが遭遇して渾然《こんぜん》一体《いったい》となるときの妙味は、とても愉快なものです。違う性質や志向を持つもの同士のふれ合いと融合は、ときに思いがけないひらめきを生み出します。まどいなく己の本質を知る人は、垣根を取り払うことに恐れを抱きません。

はと麦と豆のグレープフルーツサラダ

材料（4人分）

はと麦……手ばかり2
お好みの豆の水煮（金時豆、白インゲン、ひよこ豆など）……適量
ゆでたとうもろこし……適量
グレープフルーツ……1個

A | オリーブ油1：オレンジビネガー1：グレープフルーツの果汁1：塩少々

作り方

1 はと麦は3時間〜1晩水に浸しておきましょう。

2 鍋に水気をきった1、たっぷりの水（分量外）を入れ、弱火で約20分煮ます。ざるにあげて水気をきります。

3 グレープフルーツは房から身を取り出し、適当な大きさに手で分けます。

4 ボウルに2、3、汁気をきった豆、とうもろこし、合わせたAを入れ、冷蔵庫で1時間くらい漬け込みます。グレープフルーツの皮に盛れば、夏らしい器に。

材料の目安量は108-109ページをご覧ください。

個性の違うもの同士が、
渾然一体となるのは実に妙理。
意想外のひらめきが生まれる

夏

みそ汁は夏の塩分補給に好適。具は熱を取る夏野菜を使って

食想伝心

暑いからと頻繁に冷たいものを摂ると、内臓を冷やし体に負担をかけます。夏にこそ熱々のみそ汁をいただき、細胞の隅々まで温もりが染み渡る様子を感じてみてください。胃腸を温めると免疫力、集中力が増します。丹田さすりもおすすめ。手あてという言葉があるように、人は無意識に病みに手をあて痛みを和らげようとします。温もりが持つ不思議な力を感じてみて。

なすと油揚げのみそ汁

材料（2人分）

なす……1本
油揚げ……1枚
水……お玉6
昆布……10㎝角
みそ……お玉1/3

作り方

1 なすはヘタを取って輪切り、油揚げは熱湯をかけて油抜きし、短冊切りに。

2 鍋に水と昆布を入れて火にかけ、昆布の表面に泡がついてきたら昆布を取り出す合図です。

3 2になすと油揚げを入れ、なすに火が通ったらみそを溶き入れます。ひと煮立ちしたら、すぐに火を止めましょう。

材料の目安量は108-109ページをご覧ください。

温かさが細胞に染み渡る感覚をイメージ。意識的に、やり方を変えると考え方が変わる

夏

薬として珍重された香辛料を煮込んで、医食同源の料理に

食想伝心

カレーは作ってから2日目が、なぜか美味。煮込み料理が次の日においしくなるのは、時間の観念が影響するから。染みる、なじむ、熟す、これらは時の経過なくして成立しません。速さと結果ばかりが求められる時代ですが、一歩ずつ着実に、歩み、立ち止まり、ふり返り、解決し、軌道修正をしましょう。積み重ねる経験が、心と身体に染み入る時までじっくりと。

緑豆と夏野菜のカレー

材料（作りやすい分量）

玉ねぎ……1個
トマト……1個
おくら……5本
クミンホール……小さじ1
緑豆……お玉1杯

A
カレーパウダー……大さじ3
ターメリック……小さじ2
コリアンダーの葉……少々

野菜ブイヨン（顆粒）……小さじ2
水……8カップ
塩……小さじ½
生姜のせん切り……1かけ分
油……適量

玄米ご飯……適量

作り方

1 玉ねぎ、ヘタを取ったトマトとおくらは1㎝角に切ります。

2 フライパンに油を熱してクミンホールを加え、良い香りが出てきたら1を玉ねぎ、おくら、トマトの順に炒めます。

3 2にAのターメリックとカレーパウダーを加え、香りが出たらコリアンダーの葉を炒め合わせます。

4 深鍋に緑豆とたっぷりの水（分量外）を入れて中火にかけ、アクを取りながら煮ます。途中で水分が少なくなったらお湯を足し、豆がとろとろにやわらかくなるまで煮込み、水気をきります。

5 深鍋に4、3、野菜ブイヨン、水を加えて煮詰め、塩で調味。仕上げに生姜を加え、火を止めます。

速さと結果ばかりを求めない。
まずは時をあけて、
物事をじっくり寝かせる。

夏の滋養ドリンク甘酒を、上品な甘味の氷菓にして

食想
伝心

甘いものは幸せな気分になるだけではなく、悲しみや孤独、怒りや憂鬱といった不安定な心を、なだめる作用があります。あなたの心は今、あれもこれもと入れ込んで、飽和してはいませんか。ときには緊張でこわばる自分を解放し、まわりに思いきり甘え、ゆだねてみましょう。ありのままの自分になれる一服が、心機一転となり、新たな始まりのきっかけとなるはず。

甘酒のシャーベット

材料（2〜3人分）

甘酒……お玉 3
ブルーベリー、ラズベリー、
バナナ……各適量

作り方

1 ホウロウか耐熱ガラスの保存容器にくだものを入れ、フォークでつぶします。

2 1に甘酒を加えよく混ぜ、冷凍庫で固めます。

3 食べる10分くらい前に取り出し、フォークでかき出します。

甘酒は1年中飲んでよし!

江戸時代、甘酒は関西では夏、関東では冬の飲み物でした。これが文化年間になると、1年中売られるようになり、行商の「甘酒売り」も登場します。冬に飲む甘酒は体を温めるためですが、夏は甘酒から汗で失った塩分や水分、体のエネルギー源である糖分を補いました。ちなみに俳句で「甘酒」は、夏の季語。

材料の目安量は108-109ページをご覧ください。

ときには思いっきり甘えて、
ありのままの自分になってみると、
新たな気持ちが生まれる

夏

夏の食材を鍋料理で。まさに季節のおいしい共演

食想伝心

「ことことこと」。鍋から聞こえる煮込みの音が、秋の訪れを知らせてくれます。料理をするとき、食事をとるとき、あらゆる音に意識を傾けてみて。電子音に囲まれ生活していると耳に届かない、自然界の小さな音たちが再生され始めます。あなたにささやくたくさんの声があります。そっと教えてくれる音も。聴く耳を持つ人には、野菜の声も聞こえてくるはずです。

冷やおでん

材料（作りやすい分量）

プチトマト……5 ～ 6 個
　または、トマト……1 個
おくら……5 本
冬瓜……¼個
昆布だし……お玉 4

A
みりん……お玉 1
薄口しょうゆ……お玉¼弱
てん菜糖（なければ砂糖）
　……少々
塩……少々

お好みでおろした
　柚子の皮 ……少々

作り方

1 トマトの皮に十文字に切り目を入れ、熱湯に浸けてから湯むきします。

2 冬瓜は、スプーンでわたと種を取り除き、皮をつけたまま適当な大きさに切ります。鍋に冬瓜、たっぷりの水（分量外）、塩少々（分量外）を入れ、火にかけます。沸騰してからさらに5分ほどゆで、水気をきります。

3 おくらはガクをむき、塩もみして熱湯でかるくゆでます。

4 鍋に昆布だし、Aを入れて混ぜ、ごく弱火で溶き合わせます。

5 4に2を入れて弱めの中火で10分間煮たら、弱火にして1を加えて5分煮ます。仕上げにおくらを加えてさらに5分間煮てください。

6 粗熱が取れたら冷蔵庫で冷やし、お好みで柚子を加えても。

＊熱々で食べても美味!

材料の目安量は108-109ページをご覧ください。

森羅万象どんなものにも
音があり、動きがある。
どちらも氣づきへの第一歩

夏

01

箸枕

小さな食卓の彩りで
季節を愛でながら、
食事を一層おいしく

無作法とされる、食事の途中で器や食卓の上に直接、箸を置くことを避けるためなどに使用するものです。花鳥風月や季節を表現したものなど、形や色も多彩で、材質も陶磁器や木、ガラスなどさまざま。箸先をのせるだけで食卓が華やかになり、喜楽のパワーが広がります。箸置き、箸台とも。

春

春の箸枕は花や蝶々など、食卓で目覚めの季節を実感できる素材は多くなります。かわいらしく愛らしい色味、形がお箸とともに置かれるだけで、卓上がやさしい雰囲気に満ちてきます。

夏

夏は寒色系のすっきりとした形の箸枕を選ぶと、食卓に清涼感を運んでくれます。うちわや夏野菜などの風物詩だけでなく、日本古来の麻や青海波など、抽象的な文様を楽しむのもおすすめです。

秋

日本の秋といえば、やはり紅葉や菊花。その風情を感じる絵柄で、食卓が上品になります。一方で木の実や秋の野菜などを象ったものは、ほのぼのと温かい、里の秋の雰囲気を演出します。

冬

暦の上でも年中行事の多い季節。箸枕にもその印象を表すものが増えます。寒い季節なので温かい色味は当然ですが、雪をイメージするような寒色系やガラスを使うのもおしゃれです。

秋

米やいも、きのこ……など、
秋の恵みには土の香りが漂います。
料理もけっして気取らずに、
どこか懐かしい味に仕上げること。
ほのぼのとして、しみじみとする味わいは、
体も心もほっこりとさせる
安らぎのときを運んでくれます。
根菜など根っこの野菜には、
大地のパワーがいっぱいです。

旬観想／秋

弁別をして、
大切なものだけを残す

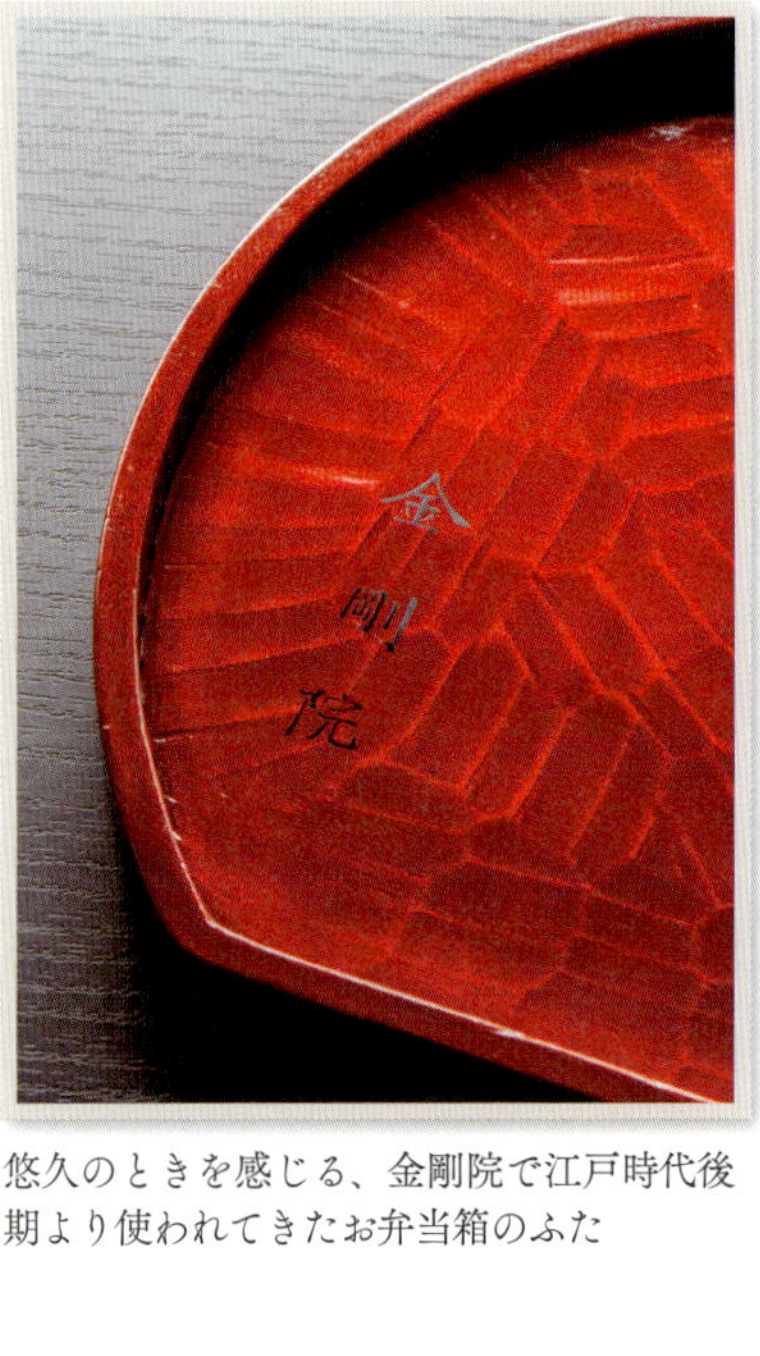

悠久のときを感じる、金剛院で江戸時代後期より使われてきたお弁当箱のふた

秋の夜長といいますが、ゆったりとときの流れを感じる季節の到来です。寒暖の差などから季節の移ろいを、肌で感じるときになります。

確かに二十四節気をみても、秋は立秋、処暑、白露《はくろ》、秋分、寒露、霜降《そうこう》とさまざまで、暑さ、寒さ、そして霜という文字まで登場します。

せっかくのゆとりの時間には、今をふり返り、自分やまわりのものを、しっかりと仕分けしてみるとよいでしょう。忙しいときには、なかなかできないものですが、ゆとりから見えてくるものがあるはずです。

慣れ親しんだものを捨てるには、確かな経験と智慧で物事を分ける判断力が大切になってきます。常識などにまどわされず、余計な評価をしないこと。正しい「弁別」をしていくことです。

捨てた分、心には余白が生まれます。ここからまた新しいことを吸収する準備がはじまります。

土鍋でお米を炊きましょう

心に余裕がないときこそ、土鍋で米を炊きましょう。
冷たい水で米を研ぎ、
火加減に気を配りつつ丁寧に炊いていきます。
待つ間の穏やかな時間を経て、
土鍋のふたを開ける瞬間は、
心のうちから喜びを感じるはずです。

郵便はがき

切手を
お貼りください

105-0003

（受取人）

東京都港区西新橋2-23-1
3東洋海事ビル

（株）アスコム

心のごちそう帖
お寺ごはん

読者　係

本書をお買いあげ頂き、誠にありがとうございました。お手数ですが、今後の出版の参考のため各項目にご記入のうえ、弊社までご返送ください。

お名前	男・女	才
ご住所　〒		
Tel	E-mail	
この本の満足度は何％ですか？		％
今後、著者や新刊に関する情報、新企画へのアンケート、セミナーのご案内などを郵送またはｅメールにて送付させていただいてもよろしいでしょうか？ □はい　□いいえ		

返送いただいた方の中から**抽選で5名**の方に
図書カード5000円分をプレゼントさせていただきます。

当選の発表はプレゼント商品の発送をもって代えさせていただきます。
※ご記入いただいた個人情報はプレゼントの発送以外に利用することはありません。
※本書へのご意見・ご感想に関しては、本書の広告などに文面を掲載させていただく場合がございます。

●本書へのご意見・ご感想をお聞かせください。

ご協力ありがとうございました。

シンプルの中に、安らぎと幸せのごちそうが……

食想
伝心

手の込んだ料理ではないけれど、手塩にかけて結ばれる塩むすびは究極のごちそうです。「手塩にかける」とは、塩加減を自分で調整する、すなわち人まかせにせず自ら世話をすること。小腹がすいたら小さめで、幼い子にはひと口大に、夏には少し多めの塩を、年配の方にはふんわりと。そのおむすびには、作り手の慈愛の想いが「まあるく」まとまっているのです。

塩むすび

材料（3〜4人分）

米……3 合
水……540㎖
昆布……5cm 角
塩水（塩 1：水 10）……適量

作り方

1 米を研ぎ、ざるにあげて15分くらいおきます。

2 土鍋に1を入れて水を注ぎ、昆布をのせてふたをして強火にかけます。沸騰したら火を弱め、10分くらい炊きます。火を止め、そのままおいて10分くらい蒸らしましょう。

3 手に塩水をつけ、炊き上がったごはん茶碗1杯分程度を、手のひらにのせて握ります。

*ごはんが熱い場合は、一度茶碗によそって熱を逃がしてから握るとよいです。

材料の目安量は108-109ページをご覧ください。

いい塩梅は自ら調整していくもの。
好みに合わせて仕上げるには、
慈しむ想いがなくてはできない

秋

根っこの野菜と豆の力が なめらかに溶け合います

食想伝心

アクの強いごぼうも、まろやかな豆乳や白みそを合わせることで、なめらかな口当たりに。人は誰しも強さと弱さ、やさしさと冷たさを表裏の感情として持ち合わせています。かたくなな、あなたも、自分では気づいていない違う側面があるはず。人の深みを吟味するおおらかな真心は、強がる人の心にも安らぎをもたらします。白黒が一瞬にして反転するオセロのように。

ごぼうの豆乳スープ

材料

ごぼう……1本
エリンギ……2本
豆乳……お玉5
大豆だし
　……お玉2（P88参照）
白みそ……お玉¼弱
八丁みそ（豆みそ）……お玉⅕
塩、こしょう……各適量
油……適量

作り方

1 ごぼうは丁寧に洗って皮のまま、薄切りに。エリンギも半分に切って薄切りにします。

2 鍋に油を熱して、1を炒め、大豆だしを加えて煮ます。

3 ごぼうが煮えたら豆乳を入れて再度煮立て、みそを溶かします。塩、こしょうで味を調えればでき上がりです。

材料の目安量は108-109ページをご覧ください。

感情の裏側まで知ろうと心がける、
おおらかで柔和な認めるという心が、
強がる人の心にも安らぎを与える

秋

秋の風物詩を皿上で再現。微笑みがもれる〝もどき〟で

食想伝心

仏道修行における食事には肉や魚に似せた「もどき料理」が数多くあります。「もどき」とは「真似る」こと。「真似る」は「学ぶ」の語源といわれています。学びとはたとえ始まりが真似だったとしても、そこから得た知識を自分の智慧に結びつける努力と、実践する工夫のことです。その結果として、多くの発見をもたらし、暮らしを豊かにしてきたのです。

里いもだんごのいが揚げ

材料（2〜4人分）

里いも……3 個
豆腐（凍らせたもの）……1 丁
白菜……手ばかり 2

A
- 白みそ……大さじ 1 強
- ごま油……大さじ 2
- 酒……大さじ 1
- 塩、こしょう……各適量

衣
- 米粉……適量
- 素めん……適量

揚げ油……適量

作り方

1 豆腐は冷凍しておき、使う直前に流水で戻し、水気をしっかり絞ってぽろぽろの状態に崩してください。

2 白菜をみじん切りにして塩（分量外）をふり、しんなりしたら水洗いして水気をきっておきます。

3 里いもは皮をむいて塩（分量外）でもみ、下ゆでします。これをすり鉢に入れ、すりこぎでつぶします。つぶし加減はお好みで。

4 だんごを作ります。ボウルに1、2、3を入れ、Aを加えて混ぜ合わせ、まるく形を整えましょう。米粉をふり、2cm長さに折った素めんをまぶします。

5 油を180度に熱して、4を揚げます。目安は薄い茶色になるまで。

材料の目安量は108-109ページをご覧ください。

真似の先にあるのが学び。
人は知識を智慧に変えて、
日々、豊かさを感じていく

秋

噛むほどに味わい深い根菜で、心とからだを冬支度

食想 侘心

活動的な夏が過ぎ、ゆったりと穏やかな秋の食卓には、常備菜や箸休めの料理が似つかわしい。ちょっとしたおかずで口をさっぱりさせ気分転換をして、次の料理に備えるのです。慌ただしい日常でも、連続的な動きをいったん止める、動と静の均衡が必要です。嵐の前にも静けさがあるように、動き出そうとする前にはいちど動きを止めて。次に備える時間があるとよいです。

根菜ピクルス

材料（作りやすい分量）

れんこん……1節
ごぼう……½本
にんじん……½本
昆布だし……お玉2
昆布茶……4つまみ

きび砂糖酢
　きび砂糖1：酢4

作り方

1 野菜類は皮ごと使うので丁寧に洗い、食べやすい大きさに切ります。

2 鍋に1、昆布だし、昆布茶を入れ、少しかためにゆでます。

3 酢にきび砂糖を入れ、よく溶かします。

4 清潔な保存びんに2を汁ごと入れ、3を注ぎます。1時間～1晩そのまま漬ければ完成です。漬け加減はお好みで。

きび砂糖酢の目安量：きび砂糖40g、酢160g

動き出そうとするその前に
「どうすればいいか」ではなくて
「どうあればいいか」を考え、
備える時間を持ってみる

秋

残さず使いきり、食の命に感謝

食想伝心

同じ形に切り揃えても、食材ごとの味の染み具合や食感は違います。違うものがあるから「響」は生まれるのです。「混ざる」ではなく「交じる」ことで個性や特色が折り重なり、喜びや感動を倍増させます。望んでも私はあなたにはなれません。違う誰かになろうとしても、それは偽物の誰か。だから、人と比べたり、競わないで。私は、私を一生懸命に生きればよいのです。

りんごときのこの和えサラダ

材料（4人分）

りんご……1 個
しめじ……1 パック
まいたけ……1 パック
きゅうり……2 本
だししょうゆ……適量
酒……適量

A｜酢 2：酒 1：塩$\frac{1}{3}$：炒りごまたっぷり

作り方

1 きのこはほぐして鍋に入れ、酒をふってふたをして蒸し、だししょうゆをふりかけて冷まします。

2 りんごは4つ割りにして皮ごとせん切りにし、塩水(分量外)に浸けて5分くらいおき、水気をきります。きゅうりは5cm長さのせん切りに。

3 Aを混ぜ合わせたたれで、1、2を和えます。

りんご酢のこんにゃくジュレ

材料（100mℓ容器6個分）

りんご……1 個
砂糖……適量
こんにゃく……1 枚
りんご酢……お玉 1

A｜ゼラチン……小さじ 1
　｜水……小さじ 2

あればりんごチップス(P83 参照)……少々

作り方

1 皮をむいて適当に切ったりんごを、砂糖、ひたひたの水（分量外）で約20分煮ます。

2 Aのゼラチンを水でふやかします。

3 こんにゃくと1をみじん切りにし、すり鉢ですり合わせます。

4 3を鍋に入れて煮立ったら火を止め、2を溶かします。粗熱を取ってりんご酢を混ぜ、ぬらした型に流します。

5 冷蔵庫で固め、りんごチップスを飾ります。

たれの目安量：酢小さじ2、酒小さじ1、塩小さじ$\frac{1}{3}$：炒りごまたっぷり

りんごときのこ和えサラダ

交じることで個性や特色が重なり、
喜びや感動は倍増する。
比べず、裁かず、競わず、懸命に
自分を生きればよい

秋

りんご酢のこんにゃくジュレ

無勿体《もったいなし》

旨味の宝庫のだし食材は、すべていただきます！

［昆布］

だしをとった昆布には、まだまだ旨味がいっぱい。そこで緑茶と合わせ、爽やかな風味ふりかけにしましょう。保存びんに入れれば、冷蔵庫で保管しておけます。

絶妙

緑茶&昆布のふりかけ

昆布適量を刻み、フライパンでから炒りします。すり鉢で緑茶の茶葉手ばかり1、ごま手ばかり1、昆布茶手ばかり½をすり合わせます。昆布を加え、さらにすり合わせます。

この世に存在するものすべてに、命は宿ります。その命をどう使いきるかで、気持ちの満たされ感、充実感は変わってきます。

それは食物に対しても同じ。野菜ならば外葉や茎、根元の部分など、普段捨てている部分まで、おいしくいただくことです。

使いきると、「ありがたい」思いで満たされます。無駄をなくすことで、無駄のない自分になれるのです。

［しいたけ］

残った生のしいたけをざるにのせ、日当たり、風通しのよい場所で約1週間乾燥。そうすると生よりも旨味が凝縮され、栄養価も増した状態に。乾燥後、軽く汚れを落としておけば、いつでも使えます。

妙趣

しいたけ茶

干ししいたけを、すり鉢かおろし金で粉末状におろします。湯のみにしいたけを入れて熱湯を注げばしいたけ茶、料理に加えれば即席野菜だしに！

無勿体《もったいなし》

残った野菜やくだものも、すべて断捨離なし！焼けるまでの「待つ」時間も楽しみましょう

［はしっこ野菜］

キャベツなど結球野菜の外葉、葉野菜の茎やかたい根元など、普段捨てている部分はたくさんあります。その部分は甘味や香り、食感がよい場合が多いものです。

妙味

葉っぱチップス

葉野菜の水気を拭いて適当にちぎり、ポリ袋に入れてえごま油と塩各適量を合わせます。天板に葉野菜を並べ、塩適量をふって160度のオーブンで約15分焼きます。

［プチトマト］

プチトマトが余ったら、乾燥させてしまいます。ヘタを取って縦半分に切り、切り口を上にして網に並べ、塩をぱらぱら。風通しのよい場所で、1日くらい干します。

［りんご］

くだものの中でも日持ちがするりんごですが、しなしなになってしまったときは、皮ごと焼いて風味が凝縮されたチップスに。そのままはもちろん、スイーツの飾りにしても。

りんごチップス

りんごは4つ割りにして芯を除き、皮つきのままピーラーなどで薄切りに。オーブンシートを敷いた天板に並べ、120度に熱したオーブンで、1時間くらいかけて焼きます。

ドライトマト

塩をふって干したプチトマト適量を、オーブンシートを敷いた天板に切り口を上にして並べます。約100度に熱したオーブンで約1時間半焼き、風通しのよい場所で粗熱を除きます。

冬

寒い季節には暖房で
体外から温めるのではなく、
体の芯からポカポカになるのが理想です。
汁物や鍋物など温かい料理をいただき、
さらに大切にしたいのは
代謝を高める食材を選ぶこと。
根菜や豆類、発酵食品など、
熱を発する温め食材を、
上手においしく取り入れるようにします。

旬観想／冬

本質を見つめて蓄積し、次への準備

冬眠する動物たち、雪の下で春を待つ植物たちと同じように、冬は春に向かうための準備期間。本当に大切なもの、必要なものが蓄積していくときです。

人生で例えるならば、春が赤ちゃん、夏は青年、秋は大人、冬は熟年といったところ。歳を重ねるごとにわかったり、できることがあり、それは歳月の中で得た経験と智慧がなくてはかなわないものです。ですから老いを否定や拒絶することなく、自然体のまま受け入れて熟すこと、歳をとるということも、素敵なことです。

しかしどんなに歳を重ねても、本質や原点は変わりません。その芯の部分にあるのは、揺るぎない個性です。どんな個性も、素敵な自分なのです。

歳を重ねても新しいことを受け入れることも、大切です。季節の巡りに合わせて感性を研ぎ澄ませれば、自然と体や心は再生されます。その先には、また新しい出会いが待っています。巡ることは、命そのものなのです。

炒った大豆から出る旨味は、格別にやさしい！

食想伝心

青々と力みなぎる枝豆とはまた違い、夏と秋を過ごした大豆には滋味深い旨味が備わります。枝豆と大豆、もとは同じ豆。人も同じで、若いときは未熟ながらも活気にあふれ、歳を重ねては成熟した見識を発揮します。原点は同じでも、どう生きてきたかで今、未来は違ってくるのです。無駄にときを過ごしてはいませんか。魅力的に老いることは、苦楽の日々を有意義に生きた証なのです。

大豆だし

材料（作りやすい分量）

大豆……手ばかり½
水……お玉10

作り方

1 フライパンに大豆を入れ、10分くらいかけて香ばしくなるまで炒ります。

2 1を水に1晩浸しておけば、翌日はおいしいだしに。

材料の目安量は108-109ページをご覧ください。

苦楽の日々を無駄なく
有意義に生きてこそ、
魅力的に老いることができる

冬

大豆だしと梅干しスープ

材料（4〜5人分）

キャベツ……手ばかり 1
梅干し……2 個
大豆だし……お玉 10（P88 参照）
昆布……10㎝角
春雨……適量
米油……適量

作り方

1 キャベツはざく切り、梅干しは種を除いてたたきます。

2 鍋に大豆だし、昆布を入れて火にかけ、煮立ってきたら昆布は取り出してください。

3 別鍋に油を熱して1を炒め、2、春雨を加えて弱火で10分くらい煮ます。

大豆だしを多めにとっておけば、
野菜スープなどがすぐにできて便利。
さらに味を深めたいときには、
大豆だしに昆布を加えて煮ると、
一段とおいしさが増します

材料の目安量は108-109ページをご覧ください。

炒り大豆ごはん

材料（4〜5人分）

米……3 合
水……620mℓ
大豆……大さじ 4
梅干し……2 個

作り方

1 フライパンに大豆を入れ、弱火で炒ります。皮がむけるくらいが目安。

2 土鍋に米、1、水を入れ、30分〜1時間おきます。

3 2に梅干しを加え、弱火で10分かけて炊きます。火を止めて10分くらい蒸らして。

炒った大豆の香ばしさは、
噛むほどにどこか懐かしいもの。
米に丸ごと大豆とだしを加えて炊き、
しみじみとした味わいの
〝づくしご飯〟にします

まるく大根をくり抜くうちに、平穏な心が芽生えます

食想伝心

でっぱったり、へこんだりしていない、まるい大根。まるい形は味が均一に染み込み、型崩れしづらいのも特長。角張ったりとがったりしていると、強く鋭く見えても、実は崩れたり折れたり、もろいところがあるのです。大根をまるくくり抜く際に余った部分は、ぬか漬けや大根もちなどに。自然の恵みを慈しむ意識から大根を豊かに使いきることで、より心も満たされるのです。

まんまる大根のスープ

材料（4〜5人分）

大根……⅓ 本
小松菜……適量
塩……4 つまみ

だし
しいたけの粉末……お玉¼（P81 参照）
水……お玉 4

水溶きくず粉……適量
ごま油……適量

作り方

1 大根を輪切りにし、まるいスプーンなどで球状にくり抜きます。小松菜は根元を切っておきます。

2 だしの材料は合わせておきましょう。

3 鍋にごま油を熱して1の大根をさっと炒め、2、塩を加えます。大根が透明になるまで、アクを取りながら煮込み、火を止める直前に小松菜も入れます。

4 小松菜に火が通ったら水溶きくず粉でとろみをつけ、火を止めてごま油をたらして風味よく。

材料の目安量は108-109ページをご覧ください。

角のあるものは案外もろい。
尖りすぎたら早めに修正すること。
問題解決は早いほどよいもの

冬

寒さに負けず育った野菜を、発酵から生まれた甘味で

食想伝心

大地のずっしりとした重みを感じるような、冬野菜たち。その野菜を蒸した、寒さを癒やす温かいお料理。世の中の同じ空間に存在するものは、互いに作用し合っています。人はときに、自分で生きているのだと傲慢になるけれど、息を吸うのも、食べるのも、眠ることさえ、あらゆる関係の中で成立しています。私たちはそのご縁に、「生かされている」のですから。

塩麹ドレッシングと蒸し野菜

塩麹ドレッシング

材料（4〜5人分）

くるみオイル 2：塩麹 1：
オレンジビネガー 1：レモン汁少々

ミックスナッツ（無塩）……適量

作り方

1 ミックスナッツをポリ袋に入れて口を閉じ、めん棒などで細かく砕きます。

2 オレンジビネガーとくるみオイルをボウルに入れ、泡立て器でよく混ぜます。白っぽくなったら、塩麹、レモン汁、1を合わせて。

蒸し野菜

材料（4〜5人分）

かぼちゃ……¼個
カリフラワー……1 株
白菜……¼個
エリンギ……3 本

作り方

1 かぼちゃは種を取って適当な大きさに切り、カリフラワーは小房に分けます。エリンギは、縦に2〜3等分に切ります。

2 白菜は芯と葉に分けて5㎝くらいの長さに切り、さらに繊維にそって3㎝幅に切ります。

3 1、2の野菜を蒸し器に入れ、5〜10分蒸してください。

4 蒸し上がったら塩麹ドレッシングをかけ、熱々をいただきます。

塩麹ドレッシングの目安量：くるみオイル大さじ2、塩麹・オレンジビネガー各大さじ1、レモン汁少々

多くのものが寄り添い、
つながって私たちは生かされている。
みんな「あなた」の味方である

冬

究極の作り置きは、漬ける
という祈りの手間仕事

食想伝心

よい状態に漬かるまで、寄り添い根気よく待ちます。食品は有効な微生物の付着と健全な環境下では、熟成や発酵の道をたどります。逆の場合は、腐敗に至ります。どちらも微生物の活動の結果で、発酵と腐敗は紙一重。しかし結果と成功は似て非なりで、成功までの過程にさまざまな結果が待ち受けています。試行錯誤を重ねる覚悟はあるか、それが成功の秘訣なのです。

成功とはプロセス。
何もしないで、
相手のことをただ一心に
見守ることができるか。

野菜のみそ漬け

豆腐のオリーブ油漬け

冬

日を追うごとに豆腐が、
まるでチーズのように濃厚に。
ときどき赤ちゃんを抱くように、
びんを揺すってあげると、
そのやさしさで
味がまろやかになります

豆腐のオリーブ油漬け

材料（作りやすい分量）

木綿豆腐……1 丁

漬け汁

- EX バージンオリーブ油……お玉 2
- にんにく……1 かけ
- 黒こしょう……10 粒
- ローリエ……2 枚
- タイム……1 本
- オレガノ（乾燥）……2 つまみ
- バジル（乾燥）……1 つまみ
- 塩……16 つまみ

作り方

1 豆腐はキッチンペーパーで挟み、重しをのせて30分〜1時間かけて水切りをしましょう。厚さが$\frac{2}{3}$くらいになるまでです。

2 豆腐を1.5〜2㎝くらいのサイコロ状に切り、清潔な保存びんに崩れないようにそっと入れます。

3 漬け汁を作りましょう。フライパンに漬け汁の材料を入れ、香りが出るまで弱火で熱します。にんにくはあっという間にこげてしまうので、香りが出たらすぐ火からおろすこと。

4 2の豆腐が隠れるまで3を注ぎ、ふたをして常温で1日そのままに。途中でびんをゆっくりと回すと、味がよく染み込みます。

＊常温でも2〜3週間は保存が可能ですが、暑いときは冷蔵庫保存を。

材料の目安量は108-109ページをご覧ください。

野菜のみそ漬け

材料（作りやすい分量）

みそ地

- みそ……お玉 2
- みりん……お玉 1
- 酒……少々
- しょうゆ……少々

野菜

- にんじん、ごぼう、れんこんなどお好みの野菜……適量

作り方

1 みそ地の材料を混ぜ合わせます。

2 野菜はきれいに洗って水気をしっかりと拭き、適当な大きさに切ってください。

3 密閉容器に、1→2→1の順に入れ、冷蔵庫で3時間〜半日くらい漬けます。

4 3の野菜のみそ地を拭き取り、魚焼きグリルに並べ、両面を少しこげるまで焼きます。

＊残ったみそ地は、鍋や炒め物にお使いください。

みそはそのままはもちろんですが、
溶かしてもぬっても、焼いてもよし。
食材に、コクと旨味を加えます。
みそはこげやすいので、
様子をみながら香ばしく焼きます

冬

食想伝心

和の旨味をまとめて、ひんやり固めた甘味です

ひとつのものを、いろいろな角度から連想してみましょう。既存のよさは混交させずに新たな形を創造します。流行が急速度で移り行く今、多角的視点からの柔軟な対応が求められます。だからと目的を見失い、手段ばかりにとらわれて舵をきると、必ず道に迷ってしまいます。目的へのこだわりと手段への執着は違います。目的地はひとつでも、そこに続く道はひとつではないのです。

豆腐と焼麩の抹茶ティラミス

材料（直径5㎝の容器5個分）

絹ごし豆腐……1 丁
麦みそ……小さじ 1
プレーンヨーグルト……大さじ 1
焼き麩……小 5 ～ 10 個

A | 抹茶……小さじ 3
お湯……150㎖

飾り用の抹茶……少々

作り方

1 絹ごし豆腐を木べらでペースト状にし、麦みそ、ヨーグルトを加えよく混ぜ合わせます。

2 焼き麩はフライパンかオーブントースターで軽く焼いて、香ばしさを加味。

3 ボウルにAを入れてよく溶かし、2を浸します。途中でひっくり返し、ムラをなくすこと。

4 3を器の底に敷き、1を注いで冷蔵庫でよく冷やします。食べる直前に抹茶を茶こしで、ふりかけて。

執着に惑わされると、
必ず道に迷ってしまう。
目的に続く道はひとつではない

冬

住職
問わず語り

ようこそ！金剛院へ

東京の池袋からひと駅。椎名町駅を降りるとすぐ目の前にあるのが金剛院です。大都会とは思えない静寂の空間、季節の草花に囲まれた落ち着いた寺容が、皆さまをお出迎えします。

１５２２年、聖弁和尚という僧侶によって開かれた真言宗豊山派のお寺で、約５００年の歴史を誇ります。かつては地域の寺小屋として、この地の教育の原点でもありました。

現在でも「開かれたお寺」としてイベントが多数開催されています。またＨＰやＳＮＳの現代ツールを充実させているので、金剛院の情報を積極的に発信しながら、今も昔も変わらないお寺の「安心感」を伝えています。

無縁社会といわれる現代社会。その中で「祈り」「学び」「楽しみ」「癒やし」をテーマに、幅広い善友が集まり、点と点が線となり面となって、人々が「ご縁」を結ぶ、次世代のコミュニティの拠点となっています。

もっと知りたい！金剛院

教え
すべてを肯定し、正しい智慧で弁別してゆく曼荼羅の世界観。

真言宗
弘法大師・空海が中国（唐）に渡って真言密教を学び、日本で開かれた宗旨です。

本尊
本尊は五智如来化仏「阿弥陀三尊」。中央に阿弥陀如来、その光背には五智如来を配置し、左右には観音菩薩と勢至菩薩を従え、所願成就のご利益があります。

豊山派
総本山は奈良県にある長谷寺。12メートルの日本一大きい観音さまと牡丹が有名。

金剛院
東京都豊島区長崎1-9-2
http://www.kongohin.or.jp/

こんごういん

ぜひ
お参りを!

赤門

約250年前の山門。江戸時代、朱塗りの門を建てることを許されていたのは徳川家の縁戚のみ。そんな中、火事や地震の際に避難所として多くの人々を救った功績が幕府に認められ、金剛院の「赤門」建立が特別に許可されました。

赤門テラス なゆた

金剛院の境内にあるカフェ。「なゆた」とはサンスクリット語で、「極めて大きな数」という意味。多くの「おかげさま」と「ありがとう」に氣づき、美しい境内を眺めながら「なごんで」「ゆっくり」「たのしく」過ごせるカフェテラスです。

マンガ地蔵

境内には創造の「ご縁」を結ぶご利益を持つ「マンガ地蔵」という、ユニークなお地蔵さまもお待ちしています。また金剛院の近くには、昭和を代表するマンガ家たちが、若き日に住んでいた「トキワ荘」があります。

イベント & ワークショップ

「お坊さんのファッションショー」「ゆったり寺ヨガ」「写経・写仏」「お寺婚活」「親子保育園」「子ども食堂」「がんカフェ」「シニアフラ」「無料法律相談会」など、週に10本ほどのイベントが開催されます。

住職
問わず語り

金剛院のおかまい

金剛院では７月に精進弁当を約４００食用意し、お参りされた檀家さんに振る舞います。昭和の初期頃から、かれこれ１００年近く続くものです。

精進弁当は、お寺からの おかまい料理です

煮物

400人分の煮物を煮るのは、かなりの大仕事。でも丁寧に切られた根菜やこんにゃくは、素朴ながらしっかりと味を含んで、ほのぼのとしたおいしさ。

香の物

煮物とお赤飯の箸休めとして、発酵食品のお漬物などを添えます。

器

江戸時代後期から代々使われてきた朱塗りの漆器。金剛院の歴史を見守るもののひとつでもあります。

お赤飯

ご先祖さまが帰ってくる喜び、それをご供養できる恵まれた今、供養することで救われる心。すべてが巡り会うことは、とてもありがたくめでたいことです。その思いをあらわすため、お赤飯を炊きます。

「赤門テラス なゆた」でも食べられます！

精進弁当でご接待する日には、寺内のカフェでも手作りの味を堪能できます。揚げ物や焼き物、サラダ、汁物がついて『こんごういん特別弁当』として登場し、近隣のお客さまに大評判を呼んでいます。パフェ、ケーキ、マフィン、ぜんざいなどスイーツも人気。

赤門テラス なゆた

住所 東京都豊島区長崎1-9-2 金剛院内
営業：10時〜18時
火曜定休
電話：03-3530-8824
http://nayutacafe.com/

赤門テラスなゆた

こちらが
こんごういん
特別弁当

大好物はアップルパイ！

私が小さい頃は、今ほど洋菓子の種類は多くありませんでしたが、とりわけ母が作ってくれたアップルパイが大好物でした。やわらかく煮た甘酸っぱいりんごと、さっくり焼き上がったパイ生地の食感、とても魅力的です。

実はアップルパイには、さらに甘酸っぱい想い出が……。十代の頃、初めてのデートで食べた青春の味でもあるのです。ひと口食べると、いくつになっても母への思慕や青葉の頃がよみがえります。

時の流れとともに移ろい変わっていく自分、そして変わらない自分。どちらも大切にしていきたいですね。

いただきます

ありがたいほど、幸せ

この味は、いつも懐かしい

精進アップルパイ

油揚げをパイ生地がわりにした、まさに精進の「もどき」のひと品です。香ばしい油揚げとりんごの甘酢っぱさが妙味！砂糖を使わず、さつまいもで甘味を出します。

材料（2〜4人分）

油揚げ……2 枚
りんご……1 個
さつまいも……1 本
レモン汁……少々

作り方

1 りんごとさつまいもは、皮つきのまま小さく刻みます。

2 鍋に1、レモン汁、ひたひたの水（分量外）を入れ、弱火で煮ます。やわらかくなったら水分を捨てて、つぶしましょう。

3 油揚げに熱湯をかけて油抜きをし、水気を押さえて絞ります。菜箸などで上から押さえ、開きやすくしてから、端を切って袋状に。

4 3に2を詰め、網かグリルなどでかるくこげめがつくまで焼きます。途中で転がして、両面をこんがりと。

5 焼き上がったら、食べやすい大きさに切ります。

豆類・大豆加工品

大豆（乾燥）―― お玉1＝75g　手ばかり＝75g
緑豆（乾燥）―― お玉1＝85g　手ばかり＝75g
油揚げ ―― 1枚＝30g
高野豆腐 ―― 1個＝16g
豆乳 ―― お玉1＝105g　大さじ1＝16g　小さじ1＝5g
豆腐 ―― 1丁＝300g

調味料・香辛料

酒 ―― お玉1＝100g　大さじ1＝15g　小さじ1＝5g
塩 ―― お玉1＝120g　1つまみ＝小さじ1/8、0.6g
大さじ1＝18g　小さじ1＝6g
しょうゆ ―― お玉1＝115g　大さじ1＝18g　小さじ1＝6g
酢 ―― お玉1＝100g　大さじ1＝15g　小さじ1＝5g
みそ ―― お玉1＝115g　大さじ1＝18g　小さじ1＝6g
みりん ―― お玉1＝115g　大さじ1＝18g　小さじ1＝6g
カレー粉 ―― お玉1＝40g　大さじ1＝6g　小さじ1＝2g

油・嗜好品・その他

えごま油 ―― お玉1＝75g　大さじ1＝11g　小さじ1＝3.75g
オリーブ油 ―― お玉1＝80g　大さじ1＝12g　小さじ1＝4g
ごま油 ―― お玉1＝80g　大さじ1＝12g　小さじ1＝4g
甘酒 ―― お玉1＝108g　大さじ1＝16g　小さじ1＝5g
昆布 ―― 10cm角＝4g
昆布だし ―― お玉1＝60g　大さじ1＝9g　小さじ1＝3g
昆布茶 ―― 4つまみ 手ばかり1/2
大豆だし ―― お玉1＝100g　大さじ1＝15g　小さじ1＝5g
野菜ブイヨン（顆粒）―― 小さじ1＝2.5g
緑茶の茶葉 ―― 手ばかり1＝100g
春雨 ―― 1食分＝10g
炒りごま（粒）―― お玉1＝40g　大さじ1＝6g　小さじ1＝2g
水 ―― お玉1＝100g　大さじ1＝15g　小さじ1＝5g

＊参考資料：主婦の友社刊『早わかりインデックス きほんの食品成分表』(「日本食品標準成分表2010（五訂）」)、医歯薬出版刊『日本食品成分表2017』(『日本食品標準成分表2016年追補（七訂）』) ＊重量は標準サイズで換算しています。健康上の問題などで正確な分量が知りたい場合は必ず計量してください。

この本で使用する食材の目安量一覧

(お玉1杯=100mℓ、 大さじ=15mℓ、 小さじ=5mℓとした場合の重量の目安です)

野菜・きのこ

梅干し	中1個＝10g
えんどう豆	お玉1＝65g　手ばかり1＝65g
おくら	1本＝10g
かぼちゃ	1個＝1.2kg
カリフラワー	1株＝500g
キャベツ	1個＝1.2kg
きゅうり	1本＝100g
ごぼう	1本＝150g
小松菜	1束＝300g　1株＝30〜50g
里いも	1個＝50g
生姜	1かけ 12g
大根	1本＝1kg
玉ねぎ	1個＝200g
冬瓜	大1個＝2.5kg
トマト	1個＝150g
なす	1本＝80g
にんじん	1本＝150g
にんにく	1かけ＝8g
はと麦	お玉1＝75g　手ばかり1＝100g
白菜	1個＝2kg
れんこん	1節＝180g
エリンギ	1本＝40g
しいたけの粉末	お玉1＝100g　大さじ1＝15g　小さじ1＝5g
しめじ	1パック＝100g
まいたけ	1パック＝100g

果物

グレープフルーツ	1個＝210g
りんご	1個＝250g
果汁100%の野菜ジュース	お玉1＝105g
りんごジュース	お玉1＝105g
レモン果汁	1個分＝約45ml

あとがき

世界各国でテロや難民問題、自然環境の変化、経済破綻など安易に解決できない諸問題がたくさん起こり始めています。そして経済中心の損得、合理化をしていく中では、大切な心が失われてきました。言い方をかえれば、現代社会は、物と心を分離してきてしまったのです。

そこからは「大切な心」、「見えない世界観」を感じていくことが、非常に難しくなってしまいました。

日本の先人たちが、感性の中でとても重要な「心のあり方」や「心の力」を体得してきたり、弘法大師の仏教の教えも、感覚を通してもっと深い宇宙感の中での教えを体系化していきました。

これからの時代は、感性、多様性、共時性、精神性、融合性、自然性を中心とした「見えない力」を感じて、それを信じて肯定し祈り、そこからの新しい次世代の形を模索していく時代になっていかなければならないと思っています。

その中で「食」というテーマは、とても重要なことです。見失っていた何かを氣づき再発見できる第一歩となって、読者の「心のごちそう」になっていただければ、とてもうれしく思います。

今回、本書を形にするにあたっては、多くの方々の協力と心の応援をいただきました。特にＹｕａｎＨｏｕｓｅ代表の谷貝英美さんには、実際の料理の提供をいただき、その他、編集作業をまとめてくださったスタッフの皆さんのお力がなければ、本書は日の目をみなかったかもしれません。心からの感謝と御礼を申し上げたいと思います。

本書で伝えている大切な「氣づき」というメッセージは、読者に向けられたものである以上に、私自身が氣がついて実践していかなければならないことであると考えています。日々の生活の中では、大切なことは忘れがちになります。どうか素敵な氣づきと、ご縁をひらくきっかけになっていただければと願っております。すべてに感謝を。

平成戊戌歳弥生念日　大蓮坊にて

金剛院住職　野々部利弘

心のごちそう帖
お寺ごはん

発行日　2018年3月1日　第1刷

著者	野々部利弘

本書プロジェクトチーム

編集統括	柿内尚文
編集担当	池田剛
デザイン	細山田光宣＋鈴木あづさ（細山田デザイン事務所）
編集協力	荒川典子（@AT-MARK）、幸本正美
撮影	鈴木正美、重枝龍明（studio orange）
スタイリング	@AT-MARK
料理監修	谷貝英美＋谷貝美也子（YuanHouse）
校正	東京出版サービスセンター
営業統括	丸山敏生
営業担当	熊切絵理
営業	増尾友裕、池田孝一郎、石井耕平、戸田友里恵、甲斐萌里、大原桂子、綱脇愛、川西花苗、寺内未来子、櫻井恵子、吉村寿美子、田邊曜子、矢橋寛子、大村かおり、高垣真美、高垣知子、柏原由美、菊山清佳
プロモーション	山田美恵、浦野稚加
講演・マネジメント事業	斎藤和佳、高間裕子
編集	小林英史、舘瑞恵、栗田亘、辺土名悟、村上芳子、加藤紳一郎、中村悟志、堀田孝之、及川和彦
編集総務	千田真由、髙山紗耶子、髙橋美幸
メディア開発	中山景
マネジメント	坂下毅
発行人	高橋克佳

発行所　株式会社アスコム

〒105-0003
東京都港区西新橋2-23-1　3東洋海事ビル
編集部　TEL：03-5425-6627
営業部　TEL：03-5425-6626　FAX：03-5425-6770

印刷・製本　株式会社光邦

©Riko Nonobe　株式会社アスコム
Printed in Japan ISBN 978-4-7762-0966-9

本書は著作権上の保護を受けています。本書の一部あるいは全部について、株式会社アスコムから文書による許諾を得ずに、いかなる方法によっても無断で複写することは禁じられています。

落丁本、乱丁本は、お手数ですが小社営業部までお送りください。送料小社負担によりお取り替えいたします。定価はカバーに表示しています。